郭沫若 著

女神

序詩

我是個無產階級者：
因爲我除個赤條條的我外，
甚麼私有財產也沒有。
「女神」是我自己產生出來的，
或許可以說是我的私有，
但是，我願意成個共產主義者，
所以我把她公開了，

「女神」喲！
你去，去尋那與我的振動數相同的人；
你去，去尋那與我的燃燒點相等的人。

你去，去在我可愛的青年的兄弟姊妹胸中；
把他們的心絃撥動，
把他們的智光點燃罷！

十年五月二十六日

目錄

汎神論者之什

第三輯

第一輯

女神之再生
湘累
棠棣之花

女神之再生（詩劇）

Alles Vergaengliche
Ist nur ein Gleichnis;
Das Unzulaengliche
Hier wird's Ereignis;
Das Unschreibliche
Hier ist's getan;
Das Ewig-Weibliche
Zieht uns hinan. (Goethe.)

（序幕）不周之山中斷處。巉巖壁立，左右兩相對峙，儼如巫峽兩岸，形成天然門闕。闕後現出一片海水，浩淼無際，與天相接。闕前爲平地，其上碧草芊綿，上多墜果。闕之兩旁石壁上有無數龕穴。龕中各有裸體女像一尊，手中各持種種樂器作吹奏式。

山上奇木葱蘢，葉如棗，花色金黃，蕚如瑪瑙，花大如木蓮，有碩果形如桃而大。山頂白雲靉靆，與天色相含混。

上古時代。共工與顓頊爭帝之一日，晦冥。

開幕後沈默數分鐘，遠遠有喧嚷之聲起。

女神各置樂器，徐徐自壁龕走下，徐徐向四方瞻望。

女神之一。

自從鍊就五色彩石
曾把天孔補全，
把「黑暗」驅逐了一半
向那天球外邊；
在這優美的世界當中，
奏起無聲的音樂雝融。

不知道月兒圓了多少回，
照着這生命底音波吹送。

女神之二。

可是，我們今天的音調。
爲甚麼總是不能和諧？
怕在這宇宙之中，
有甚麼浩刦　再！——
聽呀！那喧嘩着的聲音，
愈見高，愈見逼近！
那是海中的濤聲？空中的風聲？
可還是——罪惡底交鳴？

女神之三。

剛纔不是有武夫蠻伯之羣
打從這不周山下過經？
說是要去爭做甚麼元首……
哦，鬧得眞是怕人！
姊妹們呀，我們且將奈何？
我們這五色的天球看看怕要震破！
倦－的太陽只在空中睡眠，
全也不吐放些兒熾烈的光波。

女神之一。

我要去創造些新的光明，
不能再在這壁龕之中做神。

女神之二。

我要去創造些新的溫熱，
好同你新造的光明相結。

女神之三。

新造的葡萄酒漿
不能盛在那舊了的皮囊，
我爲容受你們的新熱新光。
要去創造個新鮮的太陽！

其他全體。

我們要去創造個新鮮的太陽，
不能再在這壁龕之中做甚神像！

（全體向山闕後海中消逝）

山後爭帝之聲。

顓頊
我本是奉天承命的人，
上天特命我來統一天下。
共工，別致死神來支配你們，
快讓我做定元首了罷！

共工
我不知道諍說甚麼上天下地，
我是隨着我的本心想做皇帝。
若有死神時，我便是死神，
老顓，快讓我來支配於你！

顓頊
古人說：天無二日，民無二王。

你爲甚麼定要和我相埒？

共工

古人說：民無二王，天無二日。

你爲甚麼定要和我爭執？

顓頊

啊，你總是個呀——山中的返響！

共工

總之我要滿足我的衝動爲帝爲王！

顓頊

你到底爲甚麼定要爲帝爲王？

共工

你去問那太陽爲甚麼要亮？

顓頊

那麼，你只好和我較個短長！

共工

那麼，你只好和我較個長短！

羣衆大呼聲

戰！戰！戰！

（喧呼殺伐聲，武器斫擊聲，血噴聲，倒聲，步武雜踏聲起。）

農叟一人（荷耕具穿場而過。）

我心血都已熬乾，
麥田中又見有人宣戰。
黃河之水幾時清？
人的生命幾時完？

牧童一人（牽羊羣穿場而過。）

啊，我不該餵了兩條鬬狗，

時常只解爭吃饅頭；

饅頭盡了吃羊頭，

我只好牽着羊兒逃走。

野人之羣（執武器從反對方面穿場而過。）

得歡樂時且樂歡，

我們要往山後去參戰。

毛頭隨着風頭倒，

兩頭利祿好均沾！

（山後鬨「顓頊萬歲！皇帝萬歲！」之聲，步武雜踏聲，追呼聲：「叛逆徒你們想往那兒逃走？天誅便要到了！」）

共工（率其黨徒自山關奔出，斷髮文身，以蕉葉蔽下體，體中隨處受傷，所執銅刀石器亦各鮮血淋漓。）

啊！
啊啊可恨呀，可恨！
可恨我一敗塗地！
恨不得把那老猾底頭顱
切來做我飲器！
（祇以武器上血液作異常憤怒之態。）
這兒是北方的天柱，不周之山，
我的命根已同此山一樣中斷。
黨徒們呀！我雖做不成元首，
我不肯和那老猾乾休！
你們平常使我爲生，

我如今要用你們的生命！

（黨徒們拾山下墜果而陷食）

啊啊，餓勞之神在我們肚中飢叫！
這不周山上的奇果，聽說是食之不勞。
待到宇宙全體破壞時還有須臾，
你們儘不妨把你們的皮囊裝飽。

（追呼之聲愈迫）

敵人底呼聲如像海裏的怒濤，
只不過逼着這破了的難船早倒！
黨徒們呀，快把你們的頭顱借給我來！
快把這北方的天柱碰壞！碰壞！

（羣以頭顱碰山麓岩壁，雷鳴電火四起。少時發一大雷電，山體破裂，天蓋傾倒，黑煙一樣的物質四處噴湧，共工之徒倒死於山麓。）

顓頊（裸身被髮，狀如猩猩，率其黨徒執同樣之武器出場。）

叛逆徒！你們想往那兒逃跑？

天誅快……喔呀！喔呀！怎麼了？

山在飛，砂走石，地在震搖，天在爆，

啊啊啊啊！渾沌！渾沌！怎麼了？怎麼了？……

（雷電愈激愈烈，電火光中照見共工顓頊及其黨徒之屍骸狼藉地上。移時

雷電漸漸弛緩，漸就止息，舞台全體盡為黑暗所支配。沉默五分鐘。

水中游泳之聲由遠而近。）

黑暗中女性之聲。

——雷霆住了聲了！

——電火已經消滅了！

——光明同黑暗底戰爭已經罷了！
——倦了的太陽呢？
——被脅迫到天外去了！
——天體終竟破了嗎？
——那被驅逐在天外的黑暗不是都已逃回了嗎？
——破了的天體怎麼處置呀？
——再去鍊些五色彩石來補好他罷？
——那樣五色的東西此後莫中用了！
我們儘他破壞不用再補他了！
待我們新造的太陽出來，
要照徹天內的世界天外的世界！
天球底界限已是莫中用了！

——新造的太陽不怕又要倦了嗎？
——我們要時常創造些新的光明新的溫熱去供給她呀！

※　※　※

——哦，我們腳下到處都是男性的殘骸呀！
——這又怎麼處置呢？
——把他們抬到壁龕之中做起神像來罷！
——不錯呀，敎他們也奏起無聲的音樂來罷！

※　※　※

——新造的太陽，姐姐，怎麼還不出來？
——她太熱烈了，怕她自行爆裂；
還在海水之中浴沐着在！
——哦，我們感受着新鮮的暖意了！

—我們的心臟兒，好像些鮮紅的金魚，
在水晶瓶裏跳躍！
—我們甚麼都想擁抱呀！
—我們唱起歌兒來歡迎新造的太陽罷！

（合唱）

太陽雖還在遠方，
太陽雖還在遠方，
海水中早聽着晨鐘在響：
丁當，丁當，丁當。

○

萬千金箭射天狼，
天狼已在暗中哀

海水中早聽着葬鐘在響：
丁當，丁當，丁當。

○

儂們欲飲葡萄觥，
願祝新陽壽無疆，
海水中早聽着酒鐘在響：
丁當，丁當，丁當。

（此時舞台突然光明，只現一張白幕舞台監督登場。）

舞台監督（向聽衆一鞠躬後，）

諸君你們在烏煙障氣的黑暗世界當中怕已經坐倦了罷！怕在渴慕着光明了罷！作這幕詩劇的詩人做到這兒便停了筆，他眞正逃往海外去造新的光明和新的熱力去了。諸君，你們要望新生的太陽出現嗎？還是請去自行創造！我們待太陽出現時再會！

（註）此劇之取材出於左引各文中

天地亦氣也，氣有不足，故昔者女媧氏鍊五色石以補其缺，斷鼇之足以立四極。其後共工氏與顓頊爭爲帝，怒而觸不周之山。折天柱，絕地維。故天傾西北，日月星辰就焉；地不滿東南，百川水潦歸焉。（列子湯問篇）

女媧氏古神聖女，化萬物者也。——始制笙簧。（說文）

不周之山北望諸毗之山，臨彼嶽崇之山，東望泑澤（別名菖蒲海，）河水所潛也：其源渾渾泡泡。爰有嘉果，其實如桃，其葉如棗，黃華而赤柎，食之不勞。（山海經西次三經）

湘累

女須之嬋媛兮，
申申其詈予。
，曰鮌婞直以亡身兮
終然殀乎羽之野。
汝何博謇而好修兮，
紛獨有此姱節？
薋菉葹以盈室兮，
判獨離而不服！（離騷）

序幕

洞庭湖。早秋，黃昏時分。

君山前橫上多竹林蘆藪。有林木數株，參差天際。時有落葉三五，戲舞空中如金色蝴蝶。

妙齡女子二人，裸體，散髮，並坐岸邊岩石上，互相偎倚。一吹「參差」（洞簫，）一唱歌。

（歌）

淚珠兒要流盡了．

愛人呀，

還不回來呀？

我們從春望到秋，

從秋望到夏，

望到水枯石爛了，

愛人呀，
回不回來呀？
棹舟之聲聞，二女跳入湖中，潛水而逝。
此時帆船一隻，自左棹出。船頭飾一龍首，帆白如雪。老翁一人，銀髮椎髻，白鬚髯，袒上身，在船之此側往來撐篙，口中漫作款乃之聲。
屈原立船頭展望，以荷葉為冠，玄色絹衣，玉帶，頸上掛一蓮瓣花環，長垂至臍，顏色憔悴：形容枯槁。
其姐女須扶持之。鬒髮如雲，簪以象揥，耳下垂碧玉之瑱，白衣碧裳，儼如朝鮮女人妝束。
屈原　這兒是甚麼地方，這麼浩淼迷茫地！前面的是甚麼歌聲？可是誰人在替我招魂嗎？
女須　㘆！你橫順愛說這樣瘋顛識倒的話，你不知道你姐姐底心中是怎樣酸苦！你的病，㘆！難道便莫有好的希望了嗎？
老翁　三閭大夫！這兒便是洞庭湖了。前面的便是君山。我們這兒洞庭湖裏，每到晚來，時時有妖精出現，赤條條地一絲不罣，永遠唱着同一的歌詞，吹着同一的調子。她們到吹得好，唱得好，她們一吹，四鄉的人都要流起眼淚。她們唱倦了，吹倦了，便又跳下湖水裏面去深深藏着。出現的時候，總是兩個女身，四鄉的人都說她們是女英與娥皇，都來拜禱她們，祈禱戀愛成功的也有，祈禱生兒育女的也有，還有些痴情少年爲了她們跳水死的眞是不少呢。

屈原　哦，我知道了。我知道她們在望我，在望我回去。唉，我要回去！我的故鄉在那兒呀？我知道你們望得我苦，我快要回來了。哦，我到底是甚麼人？三閭三夫嗎？哦，我記起來了。我本是大舜皇帝呀！從前大洪水底時候，他的父親把水治壞了，累得多死了無數的無辜百姓，所以我纔把他逐放了，把他殺了。但是我又舉了他的兒子起來，我祈禱他能彀掩蓋他父親底前愆。他到果然能彀，他辛勤了八年，果然把洪水治平了。天下的人都讚奬他的功勞，我也讚奬他的功勞，所以我纔把帝位禪讓給了他。啊，他却是爲了甚麼？他他爲甚麼反轉又把我逐放了呢？我曾殺過一個無辜的百姓嗎？我有甚麼罪過？啊，我流落在這異鄉，我眞好苦呀！苦呀！……喔呀，我的姐姐！你又在哭些甚麽？

女須　你橫順肯說你那樣瘋顛識倒的話，你不知道你姐姐底心中是怎麽地酸苦！

屈原　姐姐，你却怪不得我，你只怪得我們所處的這個溷濁的世界！我并不曾瘋，他們偏要說我是瘋子，他們見了鳳凰要說是鷄，見了麒麟要說是驢馬，我也把他們莫可奈何，他們見了聖人要說是瘋子，我也把他們莫可奈何。他們既不是瘋子，我又不是聖人，我也只好瘋了，瘋了，哈哈哈哈哈，瘋了！瘋了！

（歌）『惟天地之無窮兮，
　哀人生之長勤。
往者余弗及兮，
來者吾不聞，
吾將紐思心以爲纕兮，
編愁苦以爲膺，

折若木以蔽光兮，
隨飄風之所仍』！

啊啊！我倦了，我厭了！這漫漫的長晝，從早起來，便把這溷濁的世界開示給我，他們隨處都叫我是瘋子，瘋子。他們要把我這美潔的蓮佩扯去，要把我這高岌的危冠折毀，要投些糞土來攻擊我。我所以從早起來，我的腦袋便成了一個竈頭；我的眼耳口鼻就好像一些煙筒底出口；都在冒起煙霧，飛起火星起來，我的耳孔裏還烘烘地只聽着火在叫；竈下掛着的一個土瓶——我的心臟——裏面的血水沸騰着好像乾了的一般，只迸得我的土瓶不住地跳跳跳。哦，太陽往那兒去了？我好容易纔盼到，我纔望見他出山，我便盼不得他早早落土，盼不得我慈悲的黑夜早來把這溷濁世遮開，把這外來的光明和外來的口舌通同掩去。哦，來了，來了，慈哀的黑夜漸漸走來了。我看見她，她的頭髮就好像一天的烏雲，她有時還帶着一頭的珠玉，那却有些多事了；她的衣裳是黑綃做成的，和我的一樣；她帶着一身不知名的無形的香花，把我的魂魄都香透了。她一來便緊緊地擁抱着我，我便到了一個絕妙的境地哦，好寥廓的境地呀！

（歌）『下崎嶇而無地兮，

上寥廓而無天。

視儵忽而不見兮，

聽惝恍而不聞。

超無爲以至淸兮，

與泰初而爲鄰。』

曖！這也不過是個夢罷了！我周圍的世界其實何曾改變過來！

何嘗能一刻安寢？我怕，我怕我睡了去又來些夢魔來苦我。他來誘我上天，登到半途，又把梯子給我抽了。他誘我去結識些美人，可他時常使我失戀。我所以一刻也不敢閉眼，我翻來覆去，又感覺着無限的孤獨之苦。我又盼不得早到天明，好破破我深心中不可言喩的寥寂。啊，但是，我這深心中海一樣的哀愁，究竟可有破滅底一日嗎？哦，破滅！破滅！我歡迎你！

！

我歡迎你我如今甚麼希望也莫有，我立在破滅底門前只待着死神來開門。啊啊！我，我要想到那「無」底世界裏去！（作欲跳水勢）

女須（急挽勸之．）　你究竟何苦呢？你這麼任性，這麼激烈，對於你的病體眞是不好呀！夏禹王底父親正像你這樣性情激烈的人，所以他終竟……

屈原　不錯，不錯，他終竟被別人家拐騙了！他把國家弄壞了，自以爲去諂媚下子鄰國便可以保全他的位置，他終竟被敵國拐騙了去了。這正是他「愚而好自用」底結果。於我有甚麼相干？他們爲甚麼又把我放逐了呢？他們說我害了楚國，害了他的父親，皇天在上，后土在下，這樣的寃獄，要你們纔知道呀！

女須　你精神大錯亂了，你總要自行保重纔行。只要留得你健康，甚麼寃枉都會有表白之一日，你何以定要自苦呢？我知道你的心中本有無量的湧泉，想同江河一樣自由流瀉。我知道你的心中本有無限的潛熱，想同火山一樣任意飛騰。但是你看湘水沅水，遇着更大的勢力揚子江，他們也不得不隱忍相讓，纔滙成這樣個汪洋的洞庭。火山也不是時常可以噴火，我們姐弟生長了這麼多年，幾曾見過山岳們噴火一次呢？我想山岳們底滑熱，也怕是受了崖石底壓制，但他們能常常地流瀉些溫泉出來。你權且讓他們一時，你自由的意志，不用和他們在那腌臢的政界裏馳騁，難道便莫有向別方面發展的希望了嗎？

屈原　哦，我知道了！我知道了！我知道你要叫我把這蓮佩扯壞，你要叫我把這荷冠折毀，這我可能忍耐嗎？你怎見得我便不是揚子江，你怎見得我只是些湘沅小流？我的力量只能滙成個小小的洞庭，我的力量便不能滙成個無邊的大海嗎？你怎這麼小視我？哦，你是要叫我去做個送往迎來的娼婦嗎？娼婦——唔，她！她！鄭袖是她一人害了我！但是，我，我知道她的心中却是在戀慕我，她並且很愛誦我的詩歌。唔，那到怕是個好法。我如做首詩去讚美她，我想她必定會叫楚王來把我召回去。不錯，我想回去呀！但是，啊！但是那個是我所能忍耐的嗎？我不是上天底寵兒？我不是生下地時便特受了一種天惠？我不是生在寅年寅月寅日的人？我這麼正直通靈的人，我能忍耐得去學娼家慣技？我的詩，我的詩便是我的生命！我能把我的生命，把我至可寶貴的生命，拿來自行蹂躪，任人蹂躪嗎？我效法造化底精神，我自由創造自由地表現我自己，我創造尊嚴的山岳，宏偉的海洋，我創造日月星辰，我馳騁風雲雷雨，我萃之雖僅限於我一身，放之則可氾濫乎宇宙，我一身難道只是些臙脂水粉底材料，我只能學做些臙脂水粉來，把去替兒女子們獻媚嗎？！哼！你爲甚麼要小視我？我有血總要流，有火總要噴，我在任何方面，我都想馳騁！你爲甚麼要叫我「啜訾粟斯，喔咿嚅兒，如脂如韋突梯滑稽」以偷生全軀呢？連你也不能了解我，啊！我眞不幸！我不想出

我總有這樣一位姐子！

女須（掩泣）………

屈原（傾聽）　哦，剛的纔歌聲又唱起來了呀！

（水中歌聲）

我們爲了他——淚珠兒要流盡了。

我們爲了他——寸心兒早破碎了。

層層鎖着的九嶷山上的白雲喲！

徽徽波着的洞庭湖中的流水喲！
你們知不知道他？
知不知道他的所在喲？
屈原　哦，她們在問我的所在！我站在這兒，你們怎麽不看見呀？
（水中歌聲）
九嶷山上的白雲有聚有消。
洞庭湖中的流水有汐有潮。
我們心中的愁雲呀，啊！
我們眼中的淚濤呀，啊！
永遠不能消！
永遠只是潮！
屈原　哦，好悲切的歌詞！唱得我也流起淚來了。流罷！流罷！我生命底泉水呀！你一流了出來，好像把我全身底烈火都澆息了的一樣。我感覺着我少年時分炎天烈日之中，在長江裏面游泳着一樣的快活。你這不可思議的內在的靈泉，你又把我甦活轉來了！哦，我的姐姐！你也在哭嗎？你聽見了剛纔的那樣哀婉的歌兒麼？

女須　我也聽見來，怕是些漁家娘子在唱晚歌呢？

屈原　不然，不然，我不相信人們底歌聲有那樣淚晶一樣地瑩澈。

（屈原自語時，老翁時時駐篙傾聽，舟行甚緩。）

老翁　這便是娥皇女英底哀歌了。這歌兒似乎還長，我在湖中生活了這麼一輩子，聽了不知道有多少次。我雖是不知道是些甚麼意思，但是我聽了總也不知不覺地要流下淚來。

屈原　能彀流眼淚的人，總是好人。能彀使人流眼淚的詩，總是好詩。詩之感人有這麼深切，我如今纔知道詩歌底眞價了。幽婉的歌聲呀！你再唱下去罷。我把我的蓮佩通同贈你，一投蓮瓣花環入湖中）你請再唱下去罷！

（水中歌聲）

太陽照着洞庭波，
我們魂兒戰慄不敢歌。
待到日西斜，
起看篋中昨宵淚
已經開了花！
啊，愛人呀！
淚花兒怕要開謝了，
你回不回來喲？

老翁：喔呀！天色看看便陰了下來，我們不能再竊延了！我怕達不到日的地方，天便會黑了！

我要努力撐去！我要努力撐去！……

老翁盡力撐篙，從君山右側，轉入山後。花環在水上飄颻。帆影已不可見。遠遠猶聞欵乃之聲。

（幕）

（九·一二·二七）

棠棣之花

人物——聶政（年二十歲）

　　其姊嫈（年二十二歲）

佈景——一望田疇半皆荒蕪，間有麥秀青青者，遠遠有帶淺山環繞。山脈餘勢走來左近田疇中形成一帶高地，上多白楊，白楊樹上歸鴉噪晚；樹下一墓，碑題「聶母之墓」四字。側向右右手一條隴道，遠遠斜走而來，與墓地相通。

聶嫈荷桃花一巨枝，聶政旅裝佩劍，手提一竹籃，由隴道上登場。

聶政（指點）　姐姐，你看這一帶田疇荒蕪到這麼個田地了！

聶嫈（嘆息。）　噯噯！今年望明年太平，明年望後年豐稔，望了將近十年，這目前的世界成了烏鴉與亂草底世界。（指點）你聽，那白楊樹上的歸鴉噪得煞是逆耳，好像在嘲弄我們人類底運命一樣呢！

聶政　人類底肝肺只供一些鴉鵲加餐，人類底膏血只供一些亂草滋榮——亂草呀，烏鴉呀，你們究竟又能高興得到幾時呢？

聶嫈（指點）　你看，那不是母親底墓碑嗎？母親死去不覺滿了三年。死而復生的只有這些亂雜的敗草，永逝不返的却是我們相依爲命的慈母。我們這幾年來久飢渴着生命底源泉了呀！

聶政　戰爭不熄，生命底泉水只好日就消殂。這幾年來今日合縱，明日連衡，今日征燕，明日伐楚，爭城者殺人盈城，爭地者殺人盈野，我不知道他們究竟爲的是甚麼。近來雖有人高唱弭兵，高唱非戰，然而唱者自唱，爭者自爭。不久之間連唱的人也自爭執起來。

聶嫈　自從夏禹傳子，天下爲家；井田制廢，土地私有；已經種下了永恆爭戰底根本。根本壞了，只在枝葉上稍事剪除，怎麼能夠濟事呢？

（此時欲圓未圓的月兒自遠山昇上。姐弟二人已步入墓場。聶政置籃墓前，拔劍斫白楊一枝，在墓之周圍打掃。聶嫈分桃枝爲二分插碑之左右。插畢，自籃中取酒食陳布，籃底取出洞簫一枝來。）

聶嫈　喔呀，你把洞簫也帶來了嗎？

聶政　唉，我三年不吹了，今晚想在母親墓前吹弄一回。

聶嫈　很好，我也很想傾聽你的雅奏呢。

（陳設畢，聶嫈在墓前拜跪。聶政也來拜跪。拜跪畢，聶嫈立倚墓旁一株白楊樹下。聶政取簫坐墓前碧草上。）

聶政　姐姐，月輪已昇，羣鴉已靜，茫茫天地，何等淸寥呀！

聶嫈　你聽，好像有種很幽婉的哀音在這天地之間流漾。你快請吹簫和我，我的歌詞要和眼淚一齊迸出了！（唱。聶政吹簫和之。）

　別母已三年，
　母去永不歸。
　阿儂姐與弟，

願隨阿母來。

春桃花兩枝
分插母墓旁，
桃枝花謝時，
姐弟知何往？

不願久偷生，
但願轟烈死，
願將一己命，
救彼蒼生起？

蒼生久塗炭，
十室無一完。
既遭屠戮苦，
又有飢癯患。
飢癯匪自天，
屠戮咎由人：
富者餘糧肉，
強者鬥私兵。
儂欲均貧富，
儂欲茹強權，

　　願爲施瘟使，
　　除彼害羣遍！

聶政　姐姐，你的歌詞很帶些男性的音調，儻若母親在時，聽了定會發怒呢。

聶嫈　母親在時，每每望我們享得人生底眞正的幸福。我想此刻天下底姐妹兄弟們一個個都陷在水深火熱之中，假使我們能救得他們，使犧牲却一己底微軀，也正是人生底無上幸福。所以你今晚遠赴濮陽，我明知前途有多大的犧牲，然我却是十分地歡送你。我想沒有犧牲，不見有愛情；沒有愛情，不會有幸福的呀！

聶政（吹簫）　姐姐，你還請唱下去罷！

聶嫈（唱）

　　明月何皎皎！
　　白楊聲蕭蕭。
　　阿儂姐與弟，

離別在今宵。

今宵離別後，
相會不可期，
多看姐兩眼，
多聽姐歌詞。

聶政（拭淚）　姐姐，你怎這麼悲抑呀？

聶嫈（唱而不答）
汪汪淚湖水
映出四輪月。
俄頃即無疆。
月輪永不滅！

聶政（同前。）　姐姐，夜分已深，你請回去了罷。

聶嫈（同前。）

姐願化月魂，

幽光永照弟。

何處是姐家？

將回何處去？

聶政（起立。）　姐，姐你這麼悲抑，使我烈火一樣的雄心，好像化爲了冰冷。姐姐，我不願去了呀！（揮淚。）

聶嫈　二弟呀這不是你所說的話呀！我所以不免有些悲抑之處，不是不忍別離，只是自恨身非男子。……二弟，我也不悲抑了。你也別流淚罷！我們的眼淚切莫洒向此時，你明朝途中如遇着些災民流黎，枯髏骴骨，你請替我多多洒雪些罷！我們貧民沒有金錢糧食去救濟同胞，有的只是生命和眼淚。……二弟，我不久留你了，你快努力前去！莫辜負你磊落心

懷，莫辜負姐滿腔勗望，莫辜負天下蒼生，莫辜負嚴子知遇，你努力前去罷！我再唱曲歌兒來壯你的行色。（唱）

去罷！二弟呀！
我望你鮮紅的血液，
迸發成自由之花，
開遍中華！
二弟呀！去罷！

（月輪突被一朵烏雲遮去，舞台全體暗黑如漆，只聞歌詞尾聲。）

九•九•二三•脫稿

［附白］此劇本是三幕五場之計劃，此爲第一幕中之第二場，曾經單獨地發表過一次，又本有獨幕劇之性質，所以我就聽他獨立了。

第二辑

鳳凰涅槃之什

泛神論者之什

太基禮讚之什

凤凰涅槃之什

鳳凰涅槃
天狗
心燈
爐中煤
無煙煤

日出
晨安
筆立山頭展望
浴海
立在地球邊上放號

鳳凰涅槃

一名「菲尼克司的科美體」

天方國古有神鳥名「菲尼克司」（Phoenix），滿五百歲後，集香木自焚，再從死灰中更生，鮮美異常，不再死。

按此鳥即吾國所謂鳳凰也：雄爲鳳，雌爲凰。孔演圖云，鳳凰火精，生丹穴。廣雅云：鳳鳴曰即即，凰鳴曰足足。

序曲

除夕將近的空中，
飛來飛去的一對鳳凰，
唱着哀哀的歌聲飛去，

銜着枝枝的香木飛來，
飛來在丹穴山上。
山右有枯槁了的梧桐，
山左有消歇了的醴泉，
山前有浩茫茫的大海，
山後有陰莽莽的平原，
山上是寒風凜烈的冰天。

天色昏黄了，
香木集高了，
鳳已飛倦了，
凰已飛倦了，

他們的死期將近了。

鳳啄香木，
一星星的火點迸飛。
凰扇火星，
一縷縷的香煙上騰。
鳳又啄，
凰又扇，
山上的香煙瀰散，
山上的火光瀰滿。

夜色已深了，

香木已燃了，
鳳已啄倦了，
凰已扇倦了，
他們的死期已近了。

啊啊！
哀哀的鳳凰！
凰起舞，低昂！
鳳唱歌，悲壯！
鳳又舞，
凰又唱，
一羣的凡鳥，

自天外飛來觀葬.

鳳歌

即!即!即!
即!即!即!

茫茫的宇宙,冷酷如鐵!
茫茫的宇宙,黑暗如漆!
茫茫的宇宙,腥穢如血!

宇宙呀!宇宙!
你爲甚麼存在?
你自從那兒來?

你坐在那兒在？
你還是個有限大的空球？
你還是個無限大的整塊？
你若是個有限大的空球，
那擁抱着你的空間
他從那兒來？
你的外邊還有些甚麼存在？
你若是個無限大的整塊？
這被你擁抱着的空間
他從那兒來？
你的當中爲甚麼又有生命存在，
你到底還是個有生命的交流？

你到底還是個無生命的機械?

昂頭我問天,
天徒矜高,莫有點兒知識.
低頭我問地,
地已死了,莫有點兒呼吸.
伸頭我問海,
海正揚聲而嗚唈.

啊啊!
生在這樣個陰穢的世界當中,
便是把金剛石的寶刀也會生銹!

宇宙呀宇宙！
我要努力地把你詛咒！
你膿血污穢着的屠場呀！
你悲哀充塞着的囚牢呀！
你羣鬼叫號着的坟墓呀！
你羣魔跳梁着的地獄呀！
你到底爲甚麼存在？
我們飛向西方，
西方同是一座屠場！
我們飛向東方，
東方同是一座囚牢！
我們飛向南方，

南方同是一座坟墓！

我們飛向北方，

北方同是一座地獄！

我們生在這樣個世界當中，

只好學着海洋哀哭！

凰歌

足！足！足！

足！足！足！

五百年來的眼淚傾瀉如瀑！

五百年來的眼淚淋漓如燭！

流不盡的眼淚！

洗不淨的汚濁！
澆不熄的情炎！
盪不去的羞辱！
我們這飄渺的浮生
到底要向那兒安宿？

啊啊！
我們這飄渺的浮生
好像那大海裏的孤舟！
左也是漶漫，
右也是漶漫，
前不見燈台，

後不見海岸，
帆已破，
檣已斷，
楫已飄流，
柁已腐爛，
倦了的舟子只是在舟中呻喚，
怒了的海濤還是在海中氾濫。

啊啊！
我們這飄渺的浮生
好像這黑夜裏的酣夢！
前也是睡眠，

後也是睡眠，
來得如飄風，
去得如輕煙，
來如風，
去如煙，
眠在後，
睡在前，
我們只是這睡眠當中的
一刹那的風煙！

啊啊！
有甚麽意思？

有甚麼意思？
癡！癡！癡！
只剩些悲哀，煩惱，寂寥，衰敗，
環繞着我們活動着的死屍，
貫串着我們活動着的死屍。

啊啊！
我們年青時候的新鮮那兒去了？
我們年青時候的甘美那兒去了？
我們年青時候的光華那兒去了？
我們年青時候的歡愛那兒去了？
去了！去了！去了！

一切都已去了！
一切都要去了！
我們也要去了！
你們也要去了！
悲哀呀！煩惱呀！寂寥呀！衰敗呀！

啊啊！
火光熊熊了！
香氣蓬蓬了！
時期已到了！
死期已到了！
身外的一切！

身內的一切！
一切的一切！
請了！請了！

羣鳥歌

岩鷹

哈哈！
鳳凰！鳳凰！
你們枉爲這禽中的靈長！
你們死了麼？
你們死了麼？
我才歡喜！

我才歡喜！
從今後該我爲空界的霸王！

孔雀

哈哈！
鳳凰！鳳凰！
你們枉爲這禽中的靈長？
你們死了麼？
你們死了麼？
我才歡喜！
我才歡喜！
從今後請看我花翎上的威光！

鴟梟

哈哈！
鳳凰！鳳凰！
你們枉爲這禽中的靈長！
你們死了麽？
你們死了麽？
我才歡喜！
我才歡喜！
哦是那兒來的鼠肉馨香？！

家鴿

哈哈！
鳳凰！鳳凰！
你們枉爲這禽中的靈長！

你們死了麼？
你們死了麼？
我才歡喜！
我才歡喜！
從今後請看我們馴良百姓的安康！

鸚鵡

哈哈！
鳳凰！鳳凰！
你們枉爲這禽中的靈長！
你們死了麼？
你們死了麼？
我才歡喜！

我才歡喜！

從今後請聽我們雄辯家的主張！

白鶴

哈哈！

鳳凰鳳凰！

你們枉爲這禽中的靈長！

你們死了麼？

你們死了麼？

我才歡喜！

我才歡喜！

從今後請看我們高蹈派的徜徉！

鳳凰更生歌

鷄鳴

昕潮漲了！
昕潮漲了！
死了的光明更生了！

春潮漲了！
春潮漲了！
死了的宇宙更生了！

生潮漲了！
生潮漲了！
死了的鳳凰更生了！

鳳凰和鳴

我們更生了！
我們便生了！
一切的一，更生了！
一的一切，更生了！
我們便是『他』，他們便是我！
我中也有你，你中也有我！
我便是你！
你便是我！
火便是凰！
鳳便是火！
翱翔！翱翔！

歡唱！歡唱！

我們光明呀！
我們光明呀！
一切的一，光明呀！
一的一切，光明呀！
光明便是你，光明便是我！
光明便是『他，』光明便是火！
火便是你！
火便是我！
火便是『他！』
火便是火！

翱翔翱翔！
歡唱！歡唱！

我們新鮮呀！
我們新鮮呀！
一切的一，新鮮呀！
一的一切，新鮮呀！
新鮮便是你，新鮮便是我！
新鮮便是『他』，新鮮便是火！
火便是你！
火便是我！
火便是『他』！

火便是火！
翺翔！翺翔！
歡唱！歡唱！

我們華美呀！
我們華美呀！
一切的一，華美呀！
一的一切，華美呀！
華美便是你，華美便是我！
華美便是『他』，華美便是火！
火便是你！
火便是我！

火便是『他』！
火便是火！
翱翱翱翔！
歡唱歡唱！

我們芬芳呀！
我們芬芳呀！
一切的一，芬芳呀！
一的一切，芬芳呀！
芬芳便是你，芬芳便是我！
芬芳便是『他』，芬芳便是火！
火便是你！

火便是我！
火便是『他』！
火便是火！
翱翔！翱翔！
歡唱！歡唱！

我們和諧呀！
我們和諧呀！
一切的一，和諧呀！
一的一切，和諧呀！
和諧便是你，和諧便是我！
和諧便是『他』，和諧便是火！

火便是你！
火便是我！
火便是「他」！
火便是火！
翺翔翺翔！
歡唱歡唱！

我們歡樂呀！
我們歡樂呀！
一切的一，歡樂呀！
一的一切，歡樂呀！
歡樂便是你，歡樂便是我！

歡樂便是『他，』歡樂便是火！
　火便是你！
　火便是我！
火便是『他』！
火便是火！
翱翔翱翔！
歡唱歡唱！

我們熱誠呀！
我們熱誠呀！
一切的一，熱誠呀！
一的一切，熱誠呀！

熱誠便是你，熱誠便是我！
熱誠便是『他』，熱誠便是火！
火便是你！
火便是我！
火便是『他』，
火便是火！
翱翔！翱翔！
歡唱！歡唱！

我們雄渾呀！
我們雄渾呀！
一切的一，雄渾呀！

一的一切，雄渾呀！
雄渾便是你，雄渾便是我！
雄渾便是「他」，雄渾便是火，
　火便是你！
　火便是我！
　火便是「他」！
　火便是火！
　翺翔！翺翔！
　唱歡！歡唱！
我們生動呀！
我們生動呀！

一切的一，生動呀！
一的一切，生動呀！
生動便是你，生動便是我！
生動便是『他，』生動便是火！
火便是你！
火便是我！
火便是『他』！
火便是火！
翺翔！翺翔！
歡唱！歡唱！

我們自由呀！

我們自由呀！
一切的一，自由呀！
一的一切，自由呀！
自由便是你，自由便是我！
自由便是『他』，自由便是火！
火便是你！
火便是我！
火便是『他』！
火便是火！
翱翔翱翔！
歡唱歡唱！

我們恍惚呀！
我們恍惚呀！
一切的一，恍惚呀！
一的一切，恍惚呀！
恍惚便是你，恍惚便是我！
恍惚便是『他』，恍惚便是火！
火便是你！
火便是我！
火便是『他』！
火便是火！
翱翔翱翔！
歡唱歡唱！

我們神秘呀！
我們神秘呀！
一切的一，神秘呀！
一的一切，神秘呀！
神秘便是你，神秘便是我！
神秘便是『他』，神秘便是火！
火便是你！
火便是我！
火便是『他』！
火便是火！
翺翔！翺翔！

歡唱！歡唱！

我們悠久呀！
我們悠久呀！
一切的一，悠久呀！
一的一切，悠久呀！
悠久便是你，悠久便是我！
悠久便是『他』，悠久便是火！
火便是你！
火便是我！
火便是『他』！
火便是火！

翱翔！翱翔！
歡唱！歡唱！

我們歡唱！
我們歡唱！
一切的一，常在歡唱！
一的一切，常在歡唱！
是你在歡唱？是我在歡唱？
是『他』在歡唱？是火在歡唱？
歡唱在歡唱！
只有歡唱！
只有歡唱！

只有歡唱！
歡唱！
歡唱！
歡唱！

一九二〇•一•二〇。

天狗

（一）

我是一條天狗呀！
我把月來吞了，
我把日來吞了，
我把一切的星球來吞了，
我把全宇宙來吞了。
我便是我了！

（二）

我是月底光，
我是日底光，

我是一切星球底光，
我是X光線底光，
我是全宇宙底 Energy 底總量！

（三）

我飛奔，
我狂叫，
我燃燒。
我如烈火一樣地燃燒！
我如大海一樣地狂叫！
我如電氣一樣地飛跑！
我飛跑，
我飛跑，

我飛跑，
我剝我的皮，
我食我的肉，
我嚼我的血，
我齧我的心肝，
我在我神經上飛跑，
我在我脊髓上飛跑，
我在我腦經上飛跑。

（四）

我便是我呀！
我的我要爆了！

心燈

（一）

連日不住的狂風，
吹滅了空中的太陽，
吹熄了胸中的燈亮。
炭坑中的炭塊呀，淒涼！

（二）

空中的太陽，胸中的燈亮，
同是一座公司底電燈一樣：
太陽萬燭光，我是五燭光，
燭光雖有多少，亮時同時亮。

（三）

放學回來我睡在這海岸邊的草場上，
海碧天青，浮雲燦爛，長草金黃。
是潮裏的聲音？是草裏的聲音？
一聲聲道：快向光明處伸長！

（四）

有幾個小巧的紙鳶正在空中放，
紙鳶們也好像歡喜太陽：
一個個恐後爭先
不斷地努力，飛颺向上。

（五）

更有隻雄壯的飛鷹在我頭上飛航，

他閃閃翅兒又停停槳，
他從光明中飛來又向光明中飛往，
我想到我心地裏翺翔着的鳳凰。

爐中煤

——眷念祖國的情緒——

（一）

啊，我年青的女郎！
我不辜負你的殷勤，
你也不要辜負了我的思量。
我為我心愛的人兒
燃到了這般模樣！

（二）

啊，我年青的女郎！
你該知道了我的前身？

你該不嫌我黑奴鹵莽?
要我這黑奴底胸中,
纔有火一樣的心腸.

(三)

啊,我年靑的女郎!
我想我的前身
原本是有用的棟樑,
我活埋在地底多年,
到今朝纔得重見天光.

(四)

啊,我年靑的女郎!
我自從重見天光,

我常常思念我的故鄉，
我爲我心愛的人兒
燃到了這般模樣！

無煙煤

(一)

『輪船要煤燒，
我的腦經中每天至少要
三四立方尺的新思潮。』

(二)

Stendhal 喲！
Henri Beyle 喲！
你這句警策的名言
便是我今天裝進了腦的無烟煤了！

(三)

夾竹桃底花，
石榴樹底花，
鮮紅的火呀！
思想底花，
可要幾時纔能開放呀？

（四）

雲衣燦爛的夕陽
照過街坊上的屋頂來笑向着我，
好像是在說：
『沫若哟！你要往那兒去哟？』
我悄聲地對她說道：
『我要往圖書館裏去挖煤去！』

日出

（一）

哦哦，環天都是火雲！
好像是赤的游龍，赤的獅子，赤的鯨魚，赤的象，赤的犀。
你們可都是亞坡羅 Apollo底前驅？

（二）

哦哦，摩托車前的明燈！
二十世紀底亞坡羅！
你也改乘了摩托車麼？
我想做個你的運轉手，你肯雇我麼？

（三）

哦哦，光底雄勁！
瑪瑙一樣的晨鳥在我眼前飛紛。
明與暗刀切斷了一樣地分明！
明的是浮雲，暗的也是浮雲，
同是一樣的浮雲，爲甚麼有暗有明？
我守看着那一切的暗雲……
被亞坡羅底雄光驅除盡！
我纔知四野底鷄聲別有一段的意味深湛！

晨安

（一）

晨安！常動不息的大海呀！
晨安！明迷恍惚的旭光呀！
晨安！詩一樣湧着的白雲呀！
晨安！平勻明直的絲雨呀！詩語呀！
晨安！情熱一樣燃着的海山呀！
晨安！梳人靈魂的晨風呀！
晨風呀！你請把我的聲音傳到四方去能！

（二）

晨安！我年青的祖國呀！

晨安！我新生的同胞呀！
晨安！我浩蕩蕩的南方的揚子江呀！
晨安！我凍結着的北方的黃河呀！
黃河呀！我望你胸中的冰塊早早融化呀！
晨安！萬里長城呀！
啊啊！雪的曠野呀！
啊啊！我所畏敬的俄羅斯呀！
晨安！我所畏敬的 Pioneer 呀！

（三）

晨安！雪的帕米爾呀！
晨安！雪的喜瑪拉雅呀！
晨安！Bengal的泰果爾翁(Tagore)呀！

晨安！自然學園裏的學友們呀！
晨安！恆河呀！恆河裏面流瀉着的靈光呀！
晨安！印度洋呀！紅海呀！蘇彝士的運河呀！
晨安！尼羅河畔的金字塔呀！
啊啊！你在一個炸彈上飛行着的D'Annunzio呀！
晨安！你坐在Pantheon前面的「沉思者」呀！
晨安！半工半讀團的學友們呀！
晨安！比利時呀！比利時的遺民呀！
晨安！愛爾蘭呀！愛爾蘭的詩人呀！
啊啊！大西洋呀！

（四）

晨安！大西洋呀！

晨安！大西洋畔的新大陸呀！
晨安！華盛頓的墓呀！林肯的墓呀！Whitman 的墓呀！
啊啊！惠特曼呀！惠特曼呀！太平洋一樣的惠特曼呀！
啊啊！太平洋呀！
晨安！太平洋呀！太平洋上的諸島呀！太平洋上的扶桑呀！
扶桑呀！扶桑呀！還在夢裏裹着的扶桑呀！
醒呀！Mésamé呀！
快來享受這千載一時的晨光呀！

筆立山頭展望

筆立山在日本門司市西。登山一望，海陸船舶，歷歷如指掌。

大都會底脈膊呀！
生底鼓動呀！
打着在，吹着在，叫着在，……
噴着在，飛着在，跳着在，……
四面的天郊煙靄矇籠了！
我的心臟呀，快要跳出口來了！
哦哦，山岳底波濤，瓦屋底波濤，
湧着在，湧着在，湧着在，湧着在呀！
萬籟共鳴的 Symphony，

自然與人生底婚禮呀！
彎彎的海岸好像Cupid底弓弩呀！
人底生命便是箭，正在海上放射呀！
黑沈沈的海灣，停泊着的輪船，進行的輪船，數不盡的輪船，
一枝枝的煙筒都開着了朵黑色的牡丹呀！
哦哦，二十世紀底名花！
近代文明底嚴母呀！

浴海

（一）

太陽當頂了！
無限的太平洋鼓奏着男性的音調！
萬象森羅—一個圓形舞蹈！
我在這舞蹈場中戲弄波濤！
我的血同海浪潮，
我的心同日火燒，
我有生以來的塵垢粃糠
早已全盤洗掉！
我如今變了個脫了殼的蟬蟲，

正在這烈日光中放聲叫：

（二）

太陽的光威
要把這全宇宙來熔化了！
弟兄們！快快！
快也來戲弄波濤！
趁着我們的血浪還在潮，
趁着我們的心火還在燒，
快把那陳腐了的舊皮囊
全盤洗掉！
新中華底改造
正賴吾曹！

立在地球邊上放號

無數的白雲正在空中怒湧，
啊啊！好幅壯麗的北冰洋的晴景喲！
無限的太平洋提起他全身的力量來要把地球推倒。
啊啊！我眼前來了的滾滾的洪濤喲！
啊啊！不斷的毀壞，不斷的創造，不斷的努力喲！
啊啊！力喲！力喲！
力的繪畫，力的舞蹈，力的音樂，力的詩歌，力的 Rhythm 喲！

泛神論者之什

三個汎神論者

（一）

我愛我國的莊子，
因為我愛他的 Pantheism，
因為我愛他是靠打草鞋吃飯的人。（見列禦寇篇）

（二）

我愛荷蘭的 Spinoza，
因為我愛他的Pantheism，
因為我愛他是靠磨鏡片吃飯的人。

（三）

我愛印度的 Kabir，

因為我愛他的 Pantheism，
因為我愛他是靠編漁網吃飯的人。

電火光中

（一）懷古——Baikal湖畔之蘇子卿

電燈已着了光，
我的心兒却怎這麼幽暗着？
我一人在市中徐行，
恍惚地想到了漢朝底蘇武。
我想像他披着一件白羊裘，
氈巾覆首，氈裳氈履，
獨立在蒼忙無際的西比利亞荒原當中，
背後有雪潮一樣的羊羣隨着。
我想像他在個孟春底黄昏時分，

正待歸返穹廬，
背景中貝加爾湖上的冰濤，
與天際底白雲波連山豎。
我想像他向着東行，
遙遙地正望南翹首；
眼眸中含蓄着無限的悲哀，
又好像猶有一毫的希望燃着。

（二）觀畫—Millet「牧羊少女」

電燈已着了光，
我的心兒還是這麼幽暗着！
我想像着蘇典屬底鄉思，
我步進了街頭底一家畫賈。

我嘗玩了一回四林湖畔底風光，
我又在加里弗尼亞州觀望瀑布……
哦，好一幅理想的畫圖！理想以上的畫圖！
畫中的人！你可便是蘇武胡婦麼？胡婦！
一個野花爛縵的碧綠的大平原；
在我面前展放着。
平原中也有一羣歸羊，
牧羊的人！你可便是蘇武胡婦麼？胡婦！
你左手持着的羊杖，
可便是他脫了旄的漢節麼？胡婦！
背景中好像有一帶迷茫的水光，
可便是貝加爾湖，北海麼？胡婦！

（三）讚像—Beethoven底肖像

電燈已着了光，
我的心兒也已這麼光燦着！
我望着那彌雷底畫圖，
我又在Cosmos Pictures中尋檢着！
聖母，耶穌底頭，抱破瓶的少女……………
在我面前翩舞。
哦，悲多汶！悲多汶！
我怎麼却把你來尋着！
你亂髮蓬蓬，力泉流着！
你白領高張，雪濤湧着！
你額如獅，眼如虎！

你好像是「大宇宙意志」底具體表著！
你右手持着鉛筆，左手持着音譜。
你筆尖頭上正在傾洒「音之雨」。
悲多汶呀！你可在聽些甚麼？
我好像是在聽着你的 Symphonia。

地球，我的母親！

地球！我的母親！
天已黎明了，
你把你懷中的兒來搖醒，
我現在正在你背上匍行。

地球！我的母親！
你背負着我在這樂園中逍遙，
我還在那海洋裏面
奏出些音樂來安慰我的靈魂。

地球！我的母親！
我過去，現在，未來
食的是你，衣的是你，住的是你，
我要怎麼樣纔能報答你的深恩？

地球！我的母親！
從今後我不願常在家中居處，
我要常在這開曠的空氣裏面，
對於你，表示我的孝心。

地球！我的母親！

我羡慕的是你的孝子，那田地裏的農人，
他們是全人類底褓母，
你是時常地愛顧他們。

地球！我的母親！
我羡慕的是你的寵子，那炭坑裏的工人，
他們是全人類底 Prometheus
你是時常地懷抱着他們。

地球！我的母親！
我想除了這農工而外，
一切的人都是不肖的兒孫，

我也是你不肖的兒孫。

地球！我的母親！
我羨慕那一切的草木，我的同胞，你的兒孫，
他們自由地，自主地，隨分地，健康地，
享受着他們的賦生。

地球！我的母親！
我羨慕那一切的動物，尤其是蚯蚓——
我只不羨慕那空中的飛鳥：
他們離了你要在空中飛行。

女神

地球！我的母親！
我不願在空中飛行，
我也不願坐車，乘馬，着襪，穿鞋，
我只願赤裸着我的雙脚，永遠和你相親。

地球！我的母親！
你是我實有性底證人，
我不相信你只是個夢幻泡影，
我不相信我只是個妄執無明。

地球！我的母親！
我們都是空桑中生出的伊尹，

我不相信那縹緲的天上，
還有位甚麼父親。

地球！我的母親！
我想宇宙中一切的現像，都是你的化身，
雷霆是你呼吸底聲威，
雪雨是你血液底飛騰。

地球！我的母親！
我想那縹緲的天球，只不過是你化妝的明鏡，
那晝間的太陽，夜間的太陰，
只不過是那明鏡中的你自己的虛影。

地球！我的母親！
我想那天空中一切的星球
只不過是我們生物底眼球底虛影；
我只相信你是實有性底證明。

地球！我的母親！
已往的我，只是個知識未開的嬰孩，
我只知道貪受着你的深恩，
我不知道你的深恩，不知道報答你的深恩。

地球！我的母親！

從今後我知道你的深恩，
我飲一杯水，
我知道那是你的乳，我的生命羹。

地球！我的母親！
我聽着一切的聲音言笑，
我知道那是你的歌，
特爲安慰我的靈魂。

地球！我的母親！
我眼前一切的浮游生動，
我知道那是你的舞，

特爲安慰我的靈魂。

地球！我的母親！
我感覺着一切的芬芳采色，
我知道那是你給我的贈品，
特爲安慰我的靈魂。

地球！我的母親！
我的靈魂，便是你的靈魂。
我要強健我的靈魂來，
報答你的深恩。

地球！我的母親！
從今後我要報答你的深恩，
我知道你愛我你還要勞我，
我要學着你勞動永久不停！

雪朝

——讀 Carlyle : the Hero as Poet 的時候——

雪的波濤!
一個白銀的宇宙!
我全身心好像要化爲了光明流去.
Open-secret 喲!

樓頭的簷霤……
可不是我全身底血液?
我全身底血液點滴出Rhythmical 的幽音
同那海濤相和,松濤相和,雪濤相和。

哦哦！

大自然底雄渾喲！

大自然底 Symphony 喲！

Hero-poet 喲！

Proletarian poet 喲！

登臨

一名「獨遊太宰府」

終久怕要下雨罷，
快登上山去！
山路兒淋漓
把我引到了山半的廟宇，
聽說是梅花的名勝地。
哦，死水一池！
幾匹游鱗
喁喁地向我私語：
「陽春還沒有信來，

梅花還沒有開意。」

廟中的銅馬
還帶着夜來淸露。
馴鴿兒聲聲叫苦。
！
馴鴿兒你們也有甚麼苦楚？

口籥兒吹着，
山泉兒流着，
我在山路兒上行着，
我要登上山去。
我快登上山去！

山頂上別有一重天地！
血潮兒沸騰起來了！
山路兒登上一半了！
山路兒淋漓
枯蜕了我脚上的木屐。
泥上留個脚印，
脚上印着黃泥。
脚上的黃泥！
你請還我些兒自由，
讓我登上山去！

我們雖是暫時分手，
我的形骸兒終久是歸你有。

唉，泥上的脚印！
你好像是我靈魂兒的象徵！
你自陷了泥塗，
你自會受人蹂躪。
唉，我的靈魂！
你快登上山頂！

口簫兒吹着。
山泉兒流着。

伐木的聲音丁丁着。
山上的人家早有雞聲鳴着。
這不是個 Orchestra 麼？
司樂的人！你在那兒藏着？

啊啊！
四山都是白雲，
四面都是山嶺，
山嶺原來登不盡！
前山脚下，有兩個人在路上行，
好像是一男一女，
好像是兄和妹。

男的背着一捆柴
女的抱的是甚麽?
男的在路旁休息着,
女的在兒旁站立着。
哦,好一幅畫不出的畫圖!

山頂兒讓我一人登着,
我又覺着淒楚,
我的安娜!我的阿和!
你們是在家中麽?
你們是在市中麽?
你們是在念我麽?

終久怕要下雨了，
我要歸去。

光海

無限的大自然，
簡直成了一個光海了！
到處都是生命的光波；
到處都是新鮮的情調；
到處都是詩；
到處都是笑：
海也在笑，
山也在笑，
太陽也在笑，
地球也在笑，

我同阿和，我的嫩苗，
同在笑中笑！

翡翠一様的青松，
笑着在把我們手招。
銀箔一様的沙原，
笑着待把我們擁抱。
我們來了。
你快擁抱！
我們要在你懷兒的當中，
洗個光之澡！

一羣小學的兒童，
正在沙中跳躍：
你撒一把沙，
我還一聲笑；
你又把我推翻，
我反把你揎倒。
我回到十五年前的舊我了。

十五年前的舊我呀，
也還是這麼年少，
我住在青衣江上的嘉州，
我住在至樂山下的高小。

至樂山下的母校呀！
你懷兒中的沙場，我的搖籃，
可也還是這麼光耀？
唉！我有個心愛的同窗，
聽說今年死了！

我契己的心友呀！
你蒲柳一樣的風姿，
還在我眼底留連，
你解放了的靈魂，
可也是在我身旁歡笑？
你靈肉解體的時分，

念到你海外的知交，
你流了眼淚多少？……

哦，那個玲瓏的石造的燈樓，
正在海上光照，
阿和要我登，
我們登上了。
哦，山在那兒燃燒，
銀在波中舞蹈，
一隻隻的帆船，
好像是在鏡中跑，
哦，白雲也在鏡中跑，

這不是個呀？生命底寫照！

阿和，那兒是青天？
他指着頭上的蒼昊。
阿和，那兒是大地？
他指着海中的洲島。
阿和，那兒是爹爹？
他指着空中的一隻飛鳥。
哦哈，我便是那隻飛鳥！
我便是那隻飛鳥！
我要同白雲比飛，
我要同明帆賽跑。

你看我們那個飛得高？
你看我們那個跑得好？

梅花樹下醉歌

（偕田壽昌兄再遊太宰府）

梅花！梅花！
我讚美你？我讚美你！
你從你自我當中
吐露出清淡的天香，
開放出窈窕的好花。
花呀！愛呀！
宇宙底精髓呀！
生命底源泉呀！
假使春天沒有花，

人生沒有愛，
到底成了個甚麼的世界？
梅花呀！梅花呀！
我讚美你！
我讚美我自己！
我讚美這自我表現的全宇宙底本體！
還有甚麼你？
還有甚麼我？
還有甚麼古人？
還有甚麼異邦底名所？
一切的偶像在我面前毀破！
破！破！破！

我要把我的聲帶唱破！

演奏會上

Violin同Piano的結婚，
Mendelssohn 的「仲夏夜的幽夢」都已過了。
一個男性的女青年
獨唱着 Brahms 的「永遠的愛」，
她那 Soprano 的高音，
唱得我全身的神經戰慄。
一千多聽衆的靈魂都已合體了，
啊，沈雄的和雝，神秘的淵默，浩蕩的愛海喲！
狂濤似的掌聲把這靈魂的合歡驚破了，
啊，靈魂解體的悲哀喲！

波拉牟士 Johanes Brahms （一八三三—一八九七）與瓦格乃 W. R. Wagner （一八一三—一八八三）齊名，同爲十九世紀後半德國樂壇之兩大明星。兩人均兼長文藝。波氏生平作曲在百五十品以上，曲品以理智勝，而偉麗的感情復洋溢於其中，歌詞多取材於傳說與情話，其頌美戀愛之悃忱三昧，可稱古今獨步云。

「永遠的愛」—Von ewiger Liebe

門德爾時許 Felix Mendelssohn-Bartholdy （一八〇九—一八四七）也是德國的音樂名家。其曲品典雅而富詩趣云。

「仲夏夜的幽夢」（Midsummer Night's Dream）本諸莎士比，其序曲一闋乃門氏十七歲時（一八二六年八月六日）所作。

夜步十里松原

海已安眠了。
遠望去，只見得白茫茫一片幽光，
聽不出絲毫的濤聲波語。
哦，太空！怎麼那樣地高超，自由，雄渾，清寥！
無數的明星正圓睜着他們的眼兒，
在眺望這美麗的夜景。
十里松原中無數的古松，
盡高擎着他們的手兒沉默着在讚美天宇。
他們一枝枝的手兒在空中戰慄，
我的一枝枝的神經纖維在身中戰慄。

我是個偶像崇拜者

我是個偶像崇拜者喲！
我崇拜太陽，崇拜山嶽，崇拜海洋；
我崇拜水，崇拜火，崇拜火山，崇拜偉大的江河；
我崇拜生，崇拜死，崇拜光明，崇拜黑夜；
我崇拜蘇彝士，巴拿馬，萬里長城，金字塔；
我崇拜創造底精神，崇拜力，崇拜血，崇拜心臟；
我崇拜炸彈，崇拜悲哀，崇拜破壞；
我崇拜偶像破壞者，崇拜我！
我又是個偶像破壞者喲！

太陽禮讚之什

太陽禮讚
砂上的脚印
新陽關三疊
金字塔
巨炮之教訓
匪徒頌
勝利的死
輟了課的第一點鐘裏
夜
死

太陽禮讚

青沈沈的大海，波濤泅湧着，潮向東方。
光芒萬丈地，將要出現了喲——新生的太陽！

天海中的雲島都已笑得來火一樣地鮮明！
我恨不得，把我眼前的障碍一概剗平！

出現了喲！出現了喲！耿晶晶地白灼的圓光！
從我兩眸中有無限道的金絲向着太陽飛放。

太陽喲！我背立在大海邊頭緊覷着你。

太陽！你不把我照得個通明，我不回去！
太陽喲！你請永遠照在我的面前，不使退轉！
太陽喲！我眼光背開了你時，四面都是黑暗！
太陽喲！你請把我全部的生命照成道鮮紅的血流！
太陽喲！你請把我全部的詩歌照成些金色的浮漚！
太陽喲！我心海中的雲島也已笑得來火一樣地鮮明了！
太陽喲！你請永遠傾聽着，傾聽着，我心海中的怒濤！

砂上的脚印

（一）

太陽照在我右方，
把我全身的影兒
投在了左邊的海裏；
沙岸上留了我許多的脚印。

（二）

太陽照在我左方，
把我全身的影兒
投在了右邊的海裏；
沙岸上留了我許多的脚印。

（三）

太陽照在我後方，
把我全身的影兒
投在了前邊的海裏；
海潮呦，別要盪去了砂上的腳印！

（四）

太陽照在我前方，
太陽呦！可也曾把我全身的影兒
投在了後邊的海裏？
哦，海潮兒早已盪去了砂上的腳印！

新陽關三疊

——此詩呈宗白華兄——

（一）

獨自一人，坐在這海岸邊的石梁上，
我要歡送那將要西渡的初夏底太陽。
汪洋的海水在我脚下歌舞，
高伸出無數的臂腕待把他來擁抱着。
他，太陽，披着件金光燦爛的雲衣，
要去拜訪那西方的同胞兄弟。
他眼光耿耿，不轉睛地緊覷着我！
你要叫我跟你同路去麼？太陽喲！

（二）

獨自一人，坐在這海岸邊的石梁上，
我在歡送那正要西渡的初夏底太陽。
遠遠的海天之交湧起薔薇花色的紫霞，
中有黑霧如煙，彷彿是戰爭底圖畫。
太陽喲！你便是顆熱烈的榴彈喲！
我要看你「自我」底爆裂，開出血紅的花來喲！
你眼光耿耿，不轉睛地緊覷着我，
我恨不能跟你同路去喲！太陽喲！

（三）

獨自一人，坐在這海岸邊的石梁上，
我已歡送那已經西渡的初夏底太陽。

回過頭來，四下地，觀望天宇，
西北南東到處都張掛鮮紅的雲旗。
汪洋的海水全盤都已染紅了！
Bacchus底神在我面前舞蹈！
你眼光耿耿，可還不轉睛地緊覷着我？
我也想跟你同路去喲！太陽喲！

金字塔

——白華自佛郎克府惠賜金字塔畫片兩張賦此二詩以鳴謝——

其一

一個，兩個，三個，三個金字塔底尖端
排在尼羅河畔——是否是尼羅河畔？——
一個高，一個低，一個最低，
塔下的河岸刀截斷了一樣地嶄齊，
哦，河中流瀉着的漣漪喲！塔後洶湧着的雲霞喲！
雲霞中隱約地一團白光，恐怕是將要西下了的太陽。
太陽游歷了地球東半，又要去遊歷地球西半，
地球上的天工人美怕全盤都要被他看完！

否，否，不然！是地球在自轉，公轉，
就好像一個跳舞着的女郎將就他看。
太陽喲！太陽底象徵喲金字塔喲！
我恨不能飛隨你去喲！飛向你去喲！

其二

左右蓊鬱着兩列森林，
中間流瀉着一個反寫的「之」字，
流向那晚霞重疊的金字塔底。
偉大的寂寥喲，死的沈默喲，
我凝視着，傾聽着……
三個金字塔底尖端
好像同時有宏朗的聲音在吐：

「創造喲！創造喲！努力創造喲！
人們創造力底權威可與神祇比伍！
不信請看我，看我這雄偉的巨製罷！
便是天上的太陽也在向我低頭呀！」
哦哦，淵默的雷聲！我感謝你現身的說教！
我心海中的情濤也已流成了個河流流向你了！
森林中流瀉着的之江可不是我麼？

〔註〕金字塔本是太陽底象徵埃及藝術多取幾何學的直線美，其表現渾圓的太陽竟用四面方錐體表現，正其藝術之特點蓋取像太陽四方普照之意。

巨砲之教訓

（一）

博多灣底海上，
十里松原底林邊，
有兩尊俄羅斯底巨砲，
幽囚在這日本已十有餘年，
正對着西比利亞底天郊，
比着肩兒遙遙望遠。

（二）

我戴着春日底和光，
來在他們的面前，

橫陳在碧陰深處，
低着聲兒向着他們談天。

（三）

『幽囚着的朋友們呀，
你們眞是可憐！
你們的眼兒恐怕已經望穿？
你們的心中恐怕還有煙火在燃？
你們怨不怨恨尼古拉斯？
懺不懺悔窮兵黷戰？
思不思念故鄉？
想不想望歸返？

（四）

幽囚着的朋友們呀，
你們爲甚麼都把面皮紅着？
你們還是羞？
你們還是怒？
你們的故鄉早已改換了從前底故步。
你們往日底寃家，
却又闖進了你們的門庭大肆屠痡，
可憐你們西比利亞底同胞
於今正血流標杵。
……………』

（五）

我對着他們的話兒還未道全，

清涼的海風吹送了些睡眠來，
輕輕兒地吻着我的眉尖。
我剛纔垂下眼簾，
有兩個奇異的人形前來相見：
一個好像托爾斯太，
一個好像列甯，
一個漲着無限的悲哀，
一個凝着堅毅的決心。

（六）

『托爾斯太呀哦，！
你在這光天化日之中，
可有甚麽好話教我？』

（七）

『年輕的朋友呀，你可好？

我愛你是中國人。

我愛你們中國底墨與老。

他們一個教人兼愛節用非爭；

一個倡道慈儉不敢先底三寶。

一個尊「天」，一個講「道」。

據我想來天便是道！』

『哦，你的意見眞是好！』

（八）

『我還想全世界便是我們的家庭，

全人類都是我們的同胞

我主張樸素.慈愛的生涯;
我主張克己.無抗的信條。
也不要法庭;
也不要囚牢;
也不要軍人;
也不要外交。
一切的人能爲農民一樣最好!』
『哦,你的意見眞是好!』

(九)

『唉!我可憐這島邦底國民,
眼見太小!
他們只知道譯讀我的糟糠,

不知道率循我的大道。
他們就好像一羣猩猩，
只好學着人底聲音叫叫！
他們就好像一羣瘋了的狗兒，
垂着涎，張着嘴，
到處逢人亂咬！』

（十）

『同胞！同胞！同胞！』
列甯先生却只在一旁酬叫，
『為自由而戰喲！
為人道而戰喲！
為正義而戰喲！

最終的勝利總在吾曹！
至高的理想只在農勞！
同胞！同胞！同胞！……」
他這霹靂的幾聲，
把我從夢中驚醒了。

匪徒頌

匪徒有眞有假。

莊子胠篋篇裏說：「故盜跖之徒問於跖曰：盜亦有道乎？跖曰：何適而無有道耶？夫妄意室中之藏聖也，入先勇也，出後義也，知可否智也，分均仁也，五者不備而能成大盜者天下未之有也。」

像這樣身行五掄六奪口談忠孝節義的匪徒是假的。照實說來，他們實在是軍神武聖底標本。

物各從其類，這樣的假匪徒早有我國底軍神武聖們和外國底軍神武聖們讚美了。小區區非聖非神，一介「學匪」只好將古今中外底眞正的匪徒們來讚美一番罷。

（一）

反抗王政的罪魁，敢行稱亂的克倫威爾呀！
私行割據的草寇，抗糧拒稅的華盛頓呀！
圖謀恢復的頑民，死有餘辜的黎塞爾（非律賓底志士）呀！
西北南東去來今，
一切政治革命底匪徒們呀！
萬歲！萬歲！萬歲！

（二）

倡導社會改造的狂生，瘐而不死的羅素呀！
倡導優生學底怪論，妖言惑衆的哥爾棟呀！
亙古的大盜，實行「波爾顯維克」的列甯呀！
西北南東去來今，
一切社會革命底匪徒們呀！

萬歲！萬歲！萬歲！

（三）

反抗婆羅門底妙諦，倡導涅槃邪說的釋迦牟尼呀！
兼愛無父禽獸一樣的墨家鉅子呀！
反抗法王底天啓，開創邪宗的馬丁路德呀！
西北南東去來今，
一切宗教革命底匪徒們呀！
萬歲！萬歲！萬歲！

（四）

倡導太陽系統的妖魔，離經畔道的哥柏黎呀！
倡導人猿同祖的畜生，毀宗謗祖的達爾文呀！
倡導超人哲學的瘋癲，欺神滅像的尼采呀！

西北南東去來今，
一切學說革命底匪徒們呀！
萬歲！萬歲！萬歲！

（五）

反抗古典三昧底藝風，醜態百出的羅丹呀！
反抗王道堂皇底詩風，饕餮粗笨的恢鐵莽呀！
反抗貴族神聖底文風，不得善終的托爾斯泰呀！
西北南東去來今，
一切文藝革命底匪徒們呀！
萬歲！萬歲！萬歲！

（六）

不安本分的野蠻人，教人「返自然」的盧梭呀！

不修邊幅的無賴漢，擯與惡疾兒童共寢的不時大羅啓呀！
不受約束的亡國奴，私建自然學園的泰果爾呀！
西北南東去來今，
一切教育革命底匪徒們呀！
萬歲！萬歲！萬歲！

勝利的死

——愛爾蘭獨立軍領袖，新芬黨員馬克司威尼，自八月中旬為英政府所逮捕以來，幽囚於剌里克士通監獄中，恥不食英粟者七十有三日，終以一千九百二十年十月二十五日死於獄。——

其一

Oh! once again to Freedom's couse return
The patriot Tell —the Bruce of Bannockburn!

Thomas Campbell.（下同）

哦哦！這是張「眼淚之海」底寫眞呀！
森嚴陰鬱的大廈——可是監獄底門前？可是禮拜堂底外面？
一羣不可數盡的兒童正在跪着祈禱呀！

「愛爾蘭獨立軍底領袖馬克司威尼，
投在英格蘭剝里克士通監獄中已經五十餘日了，
入獄以來恥不食英粟；
愛爾蘭的兒童——跪在大廈前面的兒童——
感謝他愛國的至誠，
正在爲他請求加護，祈禱。」

可敬的馬克司威尼氏呀！
可愛的愛爾蘭的兒童呀！
自由之神終會要加護你們，
因爲你們能自相加護，

因爲我們是自由神底化身故！

其二　(十月十三日)

Hope, for a season, bade the world farewell,
And Freedom shrieked—as Kosciusko fell!

愛爾蘭的志士！馬克司威尼！
今天是十月二十二日了！(我壁上的Calendar永不曾引我如此注意)
你困在剎里克士通監獄中可還活着在麼？
十月十七日倫敦發來的電信
說你斷食以來已經六十六日了，
然而容態依然良好；
說你十七日底午後還和你的親人對談了須臾；

說你身體雖日漸衰頹，
然而你的神彩比從前更加光輝。
然而今天是十月二十二日了！
愛爾蘭的志士馬克司威尼呀！
此時此刻的有機物業底當中可還有你的生命存在麼？
十月十七日你的故鄉——可爾克市——發來的電信
說是你的同志新芬黨員之一人，匪持謝樂德，
囚在可爾克市監獄中斷食已來已六十有八日，
終以十七日之黃昏溘然長逝了。
「——啊！有史以來罕曾有的哀烈的慘死呀！
愛爾蘭底首陽山！愛爾蘭底伯夷叔齊喲！
我怕讀得今日以後再來的電信了！

其三　（十月二十二日）

Oh sacred Truth! thy triumph ceased a while,
And Hope, thy sister, ceased with thee to smile.

十月二十一日倫敦發來的電信又到了！
說是馬克司威尼已經昏死了去三回了！
說是他的妹子向他的友人打了個電報：
望可爾克底市民早爲她的哥哥祈禱、
祈禱他早一刻死亡，少一刻痛愴！
不忍卒讀的傷心人語喲！讀了這句話的人有沒有不流眼淚的麼？
猛獸一樣的殺人政府呀！你總要在世界史中添出一個永遠不能磨滅的汚點？
冷酷如鐵的英人們呀！你們的血管之中早沒有 Byron, —Campbell 底血液循環了嗎？

你暗淡無光的月輪喲！我希望我們這陰莽莽的地球，就在這一刹那間，早早同你一樣冰化！

（十月二十四日）

其四

Truth shall restore the light by Nature given,

And, like Prometheus, bring the fire of Heaven!

汪洋的大海正在唱着他悲壯的哀歌，

穹窿無際的青天已經哭紅了他的臉面，

遠遠的西方，太陽沉沒了！——

悲壯的死喲！金光燦爛的死喲！凱旋同等的死喲！勝利的死喲！

兼愛無私的死神！我感謝你喲！你把我敬愛無暨的馬克司威尼早早救了！

自由底戰士，馬克司威尼，你表示出我們人類意志底權威如此偉大！
我感謝你呀！讚美你呀！「自由」從此不死了！
夜幕閉了後的月輪喲！何等光明呀！……

（十月二十七日）

（書後）這四節詩是我數日間熱淚底結晶體。各節弁首的詩句都是從康沫爾Campbell二十二歲時所作「哀波蘭」The Downfall of Poland一詩引出。此詩余以爲可與拜倫底「哀希臘」一詩并讀。拜倫助希臘獨立，不得志而病死；康氏亦屢捐納資金以惠助波蘭，兩詩人義俠之氣亦差堪伯仲。如今希臘波蘭均已更生，而拜倫康沫均已逝世；然而西方有第二之波蘭，東方有第二之希臘，我希望拜倫康沫之精神Once again to Freedom's Couse return!

輟了課的第一點鐘裏

（一）

「先生輟課了！」

我的靈魂拍着手兒叫道：好好！

我赤足光頭，

忙向自然的懷中跑。

（二）

我跑到松林裏來散步，

頭上沐着朝陽，

腳下濯着清露，

冷暖溫涼，

一樣是自然生趣！

（三）

我走上了後門去路，
後門兒……呀！你才緊緊銷着！
咳！我們人類爲甚麼要自作囚徒？
啊！那門外的海光遠遠地在向我招呼！

（四）

我要想翻出牆去；
我監禁久了的良心，
他才有些怕懼。
一對雪白的海鷗正在海上飛舞，
啊！你們眞是自由！

咳！我才是個死囚！

（五）

我踏隻脚在門上，
我正要翻出監牆，
「先生你別忙！——」
背後的人聲
叫得我面皮發燒，心發慌。

（六）

一個掃除的工人，
挑擔灰塵在肩上，
慢慢的開了後門，
笑嘻嘻地把我解放……

（七）

工人！我的恩人！
我在這海岸上跑去跑來，
我眞快暢！
工人！我的恩人！
我感謝你得深深，
同那海心一樣！

夜

夜！黑暗的夜！
要你纔是『得摩克拉西』！
你把這全人類來擁抱：
再也不分甚麼貧富貴賤，
再也不分甚麼美惡賢愚，
你是貧富貴賤美惡賢愚一切亂根苦蒂的大溶爐。
你是解放，自由，平等，安息，一切和胎樂惡的大工師。
黑暗的夜！夜！
我眞正愛你，
我再也不想離開你。

我恨的是那些外來的光明：
他在這無差別的世界中
硬要生出一些差別起。

死

噯！

要得真正的解脫吓，

還是除非死！

死！

我要幾時纔能見你？

你譬比是我的情郎，

我譬比是個年輕的處子。

我心兒很想見你，

我心兒又有些怕你。

我心愛的死！

我到底要幾時纔能見你?

第三輯

愛神之什

春蠶之什

歸國吟

爱神之什

Venus

我把你這張愛嘴，
比成着一個酒杯。
喝不盡的葡萄美酒，
讓我時常醉！

我把你這對乳頭，
比成着兩座坟墓。
我們倆睡在墓中，
血液兒化成甘露！

別離

殘月黃金梳，
我欲掇之贈彼姝。
彼姝不可見，
橋下流泉聲如泣。

曉日月桂冠，
掇之欲上青天難。
青天猶可上，
生離令我情惆悵。

［附白］此詩內容余曾改譯如下：

一彎殘月兒
還掛着在天上。
一輪紅日兒
早已出自東方。
我送了她回來，
走到這旭川橋上！
應着橋下流水的哀音，
我的靈魂兒
向我這般唱：

月兒啊！
你同那黃金梳兒一樣。

我要想爬上天去，
把你取來；
用着我的手兒，
插在她的頭上。
咳！
天這樣的高，
我怎能爬得上？
天這樣的高，
我縱能爬得上；
我的愛呀！
你今兒到了那方？

太陽呀！
　你同那月桂冠兒一樣。
我要想爬上天去，
把你取來；
借着她的手兒，
戴在我的頭上。
咳！
　天這樣的高，
我怎能爬得上？
天這樣的高，
我縱能爬得上；
我的愛呀！

你今兒到了那方？
一彎殘月兒
還掛着在天上。
一輪紅日兒
早已出自東方。
我送了她回來
走到這旭川橋上；
應着橋下流水的哀音，
我的靈魂兒
向我這般唱。

春愁

是我意淒迷？
是天蕭條耶？
如何春日光，
慘淡無明輝？
如何彼岸山，
愁容不展眉？
週遭打岸聲，
海兮汝語誰？
海語終難解，
空見白雲飛。

司健康的女神

Hygeia 喲！

你爲甚麽棄了我？

我若再得你薔薇花色的臉兒來親我，

我便死——也靈魂安妥。

Hygeia 喲，

你爲甚麽棄了我？

新月與白雲

月兒呀！你好像把鍍金的鐮刀，
你把這海上的松樹斫倒了，
哦，我也被你斫到了！

白雲呀！你是不是解渴的冷冰？
我怎得把你吞下喉去，
解解我火一樣的焦心？

死的誘惑

（一）

我有一把小刀，
倚在窗邊向我笑。
她向我笑道：
沫若，你別用心焦！
你快來親我的嘴兒，
我好替你除却許多煩惱。

（二）

窗外的靑靑海水

不住聲地也向我叫號。
她向我叫道：
沫若，你別用心焦！
你快來入我的懷兒，
我好替你除却許多煩惱。

火葬場

我這瘟頸子上的頭顱
簡直好像那火葬場裏的火爐；
我的靈魂兒早已燒死了！
哦，你是那兒來的涼風？
你在這火葬塲中
也吹出了一株——春草。

鷺鷥

鷺鷥！鷺鷥！
你自從那兒飛來？
你要向那兒飛去？
你在空中畫了一個圓橢，
突然飛下海裏，
你又飛向空中去。
你又突然飛下海裏，
你又空中去。
雪白的鷺鷥！
你到底要飛向那兒去？

鳴蟬

聲聲不息的鳴蟬呀！
秋喲！時浪的波音喲！
一聲聲長此逝了……

晚步

松林兒！你怎麼這樣地清新！
我同你住了半年，
也不曾見這砂路兒這樣地平平！

兩乘拉貨的馬車兒從我面前經過，
倦了的兩個車夫有個在唱歌。
他們那空車裏載的是些甚麼？
海潮兒應聲着：平和！平和！

桼器之什

春蠶

「蚕桑系維普」之代賦

露月

晴朝

岸上三首

晨興

春之胎動

日暮的婚筵

春蠶

（一）

蠶兒呀，你在吐絲……
哦，你在吐詩！
你的詩，怎麼那樣地
纖細，明媚，柔膩，純粹！
那樣地……！噯我已形容不出你。

（二）

蠶兒呀，你的詩
可還是出於有心？無意？
造作矯揉？自然流瀉？

你可是爲的他人？
還是爲的你自己？

（三）

蠶兒呀，我想你的詩
終怕是出於無心，
終怕是出於自然流瀉。
你在創造你的「藝術之宮」，
終怕是爲的你自己。

「蜜桑索羅普」之夜歌

——此詩呈 Salome 之作者與譯者——

無邊天海呀！
一個水銀 浮漚！
上有星漢湛波，
下有融晶泛流，
正是有生之倫睡眠時候。
我獨披着件白孔雀的羽衣，
遙遙地，遙遙地，
在一隻象牙舟上翹首。

啊，我與其學做個淚珠的鮫人
返向那沈黑的海底流淚偸生，
甯在這縹緲的銀輝之中，
就好像那個墜落了的星辰，
曳着帶幻滅的美光，
向着「無窮」長殞！
前進！……前進！
莫辜負了前面的那輪月明！

一九二〇，一二，二三。

霽月

（一）

淡淡地，幽光
浸洗着海上的森林。
森林中寥寂深深，
還滴着黃昏時分底新雨。

雲母面就了般的白楊行道
坦坦地在我面前導引，
引我向沈默的海邊徐行。
一陣陣的暗香和我親吻。

（二）

我身上覺着輕寒，
你偏那樣地雲衣重裹，
你團圞無缺的明月喲，
請借件縞素的衣裳給我。

我眼中莫有睡眠，
你偏那樣地霧帷深鎖。
你淵默無聲的銀海喲，
請起你幽渺的波音和我。

晴朝

池上幾株新柳，
柳下一座長亭，
亭中坐着我和兒，
池中映着日和雲。

雞聲，羣鳥聲，鸚䳇聲，
溶流着的水晶一樣！
粉蝶兒飛去飛來，
泥燕兒飛來飛往。

落葉蹁躚，
飛下池中水。
綠葉蹁躚，
飜弄空中銀輝。

一隻白鳥
來在池中飛舞。
哦，一灣的碎玉！
無限的青蒲！

岸上

其一

岸上的微風
早已這麼清和!
遠遠的海天之交,
只剩着晚紅一線。
海水淵青,
沈默着斷絕聲嘩。
青青的郊原中,
慢慢地移着步兒
只驚得草裏的蝦蟆四竄。

漁家處處，
吐放着朵朵有涼意的圓光。
一輪皓月兒
早在那天心孤照。
我吹着枝
小小的「哈牟尼笳」(Harmonica)
坐在這兒海岸邊的破船板上。
一種寥寂的幽音
好像要充滿這瑩潔的寰穹。
我的身心
好像是——融化着在。

九，七，二六。

其二

天又昏黄了.
我獨自一人
坐在這海岸上的漁舟裏面,
我正對着那輪皓皓的月華,
深不可測的青空!
深不可測的天海呀!
海瀾中喧豗着的濤聲
猛烈地在我背后推盪!
Poseidon呀,
你要把這隻漁舟
替我推到那天海裏去?

九,七,二七.

其三

哦，
火！
鉛灰色的漁家頂上，
昏昏的一團紅火！
鮮紅了……嫩紅了……
橙黃了……金黃了……
依然還是那輪皓皓的月華！
「無窮世界的海邊羣兒相遇．
無際的青天靜臨，
不靜的海水喧豗。
無窮世界底海邊羣兒相遇，叫着，跳着。」

我又坐在這破船板上

我的阿和

和着一些孩兒們

同在砂中遊戲。

我念着太戈兒底一首詩，

我也去和着他們遊戲。

！噯我怎能成就個純潔的孩兒？

九，七，二九。

晨興

月光一樣的朝暾
照透了這蓊鬱着的森林，
銀白色的沙中交橫着迷離疎影。

松林外海水清澄，
遠遠的海中島影昏昏，
好像是還在戀着他昨宵的夢境。

携着個稚子徐行，
耳琴中交響着雞聲鳥聲，

我的心琴也微微地起了共鳴。

春之胎動

獨坐北窗下舉目向樓外西望：
春在大自然的懷中胎動着在了！

遠遠一帶海水呈着雌虹般的彩色，
俄而帶紫，俄而深藍，俄而嫩綠。

暗影與明輝在黃色的草原頭交互浮動，
如像有探海燈轉換着在的一般。

天空最高處作玉藍色，有幾朵白雲飛馳；

其綠邊色如乳糜，微微眩目。
樓下一隻白雄雞，戴着鮮紅的柔冠，
長長的聲音叫得已有幾分倦意。
幾隻雜色的牝雞假伏其旁沙地中，
都帶着些嬌慵無力的樣兒。
自海上吹來的微風纔在雞尾上動搖，
早悄悄地偷來，吻我的顏面。
空漠處時聞小鳥的歌聲。

幾朵白雲不知飛向何處去了。
海面上突然飛來一片白帆……
不一刹那間也不知飛向何處去了。

（二月二十六日）

日暮的婚筵

夕陽，籠在薔薇花色的紗羅中，
如像滿月一輪，寂然有所思索。

戀着她的海水也故意裝出個平靜的樣兒，
可他嫩綠的絹衣却遮不過他心中的激動。

幾個十二三歲的小姑娘，笑語娟娟地，
在枯草原中替他們準備着結歡的婚筵。

新嫁娘最後漲紅了她豐滿的龐兒，

被她最心爱的情郎拥抱着去了。

（二月二十八日）

歸國吟

新生

海舟中望日出

黃浦江口

上海印象

西湖紀遊

Neu-Leben

Violett,
Kegel.
Milchweiss,
Nebel.
Gelblich,
Blaeulich,
Erd' groesser
Atm't Aether.
Feuerwagen
Laudlich lachen

新生 （自詩自譯）

紫蘿蘭的，
圓錐。
乳白色的，
霧帷。
黃黃地，
青青地，
地球大大地
呼吸着朝氣。
火車
高笑

Na. na.
Na. na.
Nach go.
Nach go.
Nach goldne Sonne
Vo. vo. vo.
Vorlaufen,
Vorlaufen,
Vorlaufen.
So ! so ! so ! ....

向…向…
向…向…
向着黃…
向着黃…
向着黃金的太陽
飛…飛…飛…
飛跑，
飛跑，
飛跑。
好！好！好！……

十年四月一日

海舟中望日出

鉛的圓空，
藍靛的大洋，
四望都無有，
只有動亂，荒涼，
黑泅泅的煤煙
惡魔一樣！

雲彩染了金黃，
還有一個爪痕在天上。
那隻黑色的海鷗

女神

可要飛向何往？

我的心兒，好像，
　醉了一般模樣。
我倚着船闌，
　吐着胆漿……
哦！太陽！
　白晶晶地一個圓璫！
在那海邊天際
　黑雲頭上低昂。
我好容易纔得盼見了你的容光！
　你請替我唱着凱旋歌喲！

我今朝可算是戰勝了海洋！

四月三日

黃浦江口

平和之鄉喲！
　我的父母之邦！
岸草那麼青翠！
　流水這般嫩黃！

我倚着船闌遠望，
　平坦的大地如像海洋，
除了一些青翠的柳波，
　全沒有山崖阻障。

小舟在波上簸颺，
人們如在夢中一様。
平和之鄉喲！
我的父母之邦！

四月三日

上海印象

我從夢中驚醒了！
Disillusion底悲哀喲！

遊閑的屍，
淫囂的肉，
長的男袍，
短的女袖，
滿目都是骷髏，
滿街都是靈柩，
亂闖，

亂走。
我的眼兒淚流，
我的心兒作嘔。
我從夢中驚醒了。
Disillusion底悲哀喲！

四月四日

西湖紀游

滬杭車中

（一）

我已幾天不見夕陽了，
那天上的晚紅
不是我焦沸着的心血麼？
我本是「自然」底兒，
我要向我母懷中飛去！

（二）

巨朗的長庚
照在我故鄉底天野，

啊，我所渴仰着的西方哟！
紫色的煤烟
散成了一朵朵的浮雲
向空中消去。
哦這清冷的晚風！
火獄中的上海哟！
我又棄你去了。

（三）

火車向着南行，
我的心思和他成個十字：
我一心念着我西蜀底娘，
我一心又念着我東國底兒。

我總好像個受着磔刑的耶穌喲！

（四）

唉！我怪可憐的同胞們喲！
你們有的只拼命賭錢，
有的只拼命吸煙，
有的連傾皮酒幾杯，
有的連䶢番菜幾盤，
有的只顧酣笑，
有的只顧亂談。
你們請看喲！
那幾個肅靜的西人
一心在勘校原稿喲！

那幾個驕慢的東人
在一旁嗤笑你們喲！
啊我的眼睛痛呀痛呀！
要被百度以上的淚泉漲破了！
我怪可憐的同胞們喲！

四月八日

雷峯塔下

其一

雷峯塔下
一個鋤地的老人
脫去了上身的綿衣
掛在一旁嫩桑底枝上。

他息着鋤頭，
舉起頭來看我。
哦，他那慈和的眼光，
他那健康的黃臉，
他那斑白的鬚髯，
他那筋脈隆起的金手。
我想去跪在他的面前，
叫他一聲：「我的爹！」
把他脚上的黃泥舐個乾淨。

其二

菜花黃，
湖草平，

楊柳毵毵，
湖中生倒影。

朝日曛，
鳥聲溫，
遠景昏昏，
夢中的幻境。

好風輕，
天宇瑩，
雲波層層，
舟在天上行。

女　静

四月九日

趙公祠畔

鐘聲，
鴉鳥鳴，
趙公祠畔
朝氣氤氳。
兒童底歌聲遠聞。

醉紅的新葉，
青嫩的草藤，
高標的林樹
都含着夢中幽韻。

白堤前橫，
湖中柳影青青。
兩張明鏡！

草上的雨聲
打斷了我的寫生。
紅的草葉不知名，
摘去問問舟人。

雨打平湖點點，
舟人相接慇懃。

登舟問草名，
我總不辨他的土音。
汲取一杯湖水，
把來當作花瓶。

三潭印月
（一）

沿堤的楊柳
倒映潭心，
蒼黃，綠嫩。
不須有月來，
已自可人。

（二）

緩步潭中曲徑，
煙雨溟溟，
衣裳重了幾分。

雨中望湖

（湖畔公園小御碑亭上）

雨聲這麼大了，
湖水却染成一片粉紅。
四圍昏濛的天
也都帶着醉容。

女神

浴沐着的西子喲，
裸體的美喲！
我的身中……
這麽不可言說的搴襟！
哦，來了幾位寫生的姑娘，
可是，unschoen。

四月十日

司春的女神歌

（遊西湖歸滬杭車中作）

司春的女神來了。
提着花籃來了。
散着花兒來了。

唱着歌兒來了.

「我們催着花兒開,
我們散着花兒來,
我們的花兒
只許農人簪戴.」

紅的桃花,白的李花,
黄的菜花,藍的豆花,
還有許多不知名的草花,
散在樹上,散在地上,
敢在農人們底田上.

沿路走，沿路唱：
「花兒也爲詩人開，
我們也爲詩人來，
如今的詩人
可惜還在吃奶。」

司春的女神去了。
提着花籃去了。
散完花兒去了。
唱着歌兒去了。

四月十一日

勘誤表

（三·七）　有甚麼浩刼要再句遺一要字。

（二一·三）　林本數株係林木數株之訛。

（二六·九　你精神大錯亂　大字係太之訛。

（二八·八）　剛的纔係剛纔的之訛。

（四八·一一）　「又有生命存在」下（，）係（？）之訛。

（六三·三）　我們便生了係更字之訛。

（九五·五）　D'Aunuzio 係 D'Aunuuzio 之訛。

（九七·七）　煙罩係煙幕之訛。

（九八·四）　「進行」下遺一着字。

（一〇五·九）　蒼忙係蒼茫之訛。

（一一三·一〇）　「都是」下遺一你字。

（一六二・一〇）「亙古」乃「亘古」之訛。

（一七〇・一二）Byron,—Campbell中間的「—」綫。

（一七・四）「緊緊鎖着」是鎖字之訛。

（一九三・五）「圓橢」係「橢圓」之誤。

（一九三・九）「你又空中去」你又下遺「飛向」二字。

中華民國十年八月五日發行

（定價五角五分）

○創造社叢書○

…第一種…

著作者　郭沫若

發行者　趙南公

發行所
印刷所　泰東圖書局　上海四馬路一百二十四五號

世界名家小說第三種

魯森堡之一夜

法國古爾孟著　鄭伯奇譯（譯述中）

（Une Nuit Au Luxembourg）

Remy de Gourmont 是法國最近的一位大詩人兼小說家，也是廿世紀初期歐洲思想界一大威權。他本是第二期象徵派的代表作家，而他的思想確不似他的前輩諸人那樣頹唐。最近代的樂天主義，現實主義，刹那主義，享樂的奮鬥主義，差不多都受他的影響。

此書是他發揮他自己主張最明顯的著作。譯者從前爲人生問題所苦惱的時候，頗由此書得了許多光明；就是現在也還依此書如作侶藉以打破種種悲哀怠倦。與我同受時代苦的兄弟姊妹，我想一定不少。我大胆把這譯本呈給他們，也許可作煩惱解決之一助？

——譯者——

世界名家小說第二種 **少年維特之煩惱** 出版預告

此書爲歌德二十五歲時之作，歌德因此一躍而成爲世界的作家。書中情事本歌德自身之經驗，書中女主人公綠蒂 Lotte 即 Charlotte Buff。歌德寓居 Wetzlar 時，與之相識，而兩情相悅。然綠蒂已字人，歌德因而爲此不自然之戀愛所苦，幾於自殺。有友人 Jerusalem 同時亦因戀愛人妻，而卒踐此悲慘之結局。歌德卽將自身之經驗與其友人之事實合而成爲維特之悲史。全書中眞情流露，實感動人，出版時無老無幼讀者莫不爲之流涕。少年維特之服裝「青衣而黃袴」一時風行於世，時人稱爲「維特熱」Werther Fieber，竟有讀其書而實行自殺者，其感人之深可以想見。然吾人讀此書更考察歌德自身行事尤可得一人生中莫大之教訓——即是情熱與理智之調和。

書爲郭沫若先生所譯，書前有序，書後有註，尤爲理解此書之雙輪兩翼。已在印刷中，不日出版。